KELLY LUND | ALLY COUCKE

Loki
WILD TOGETHER

Wie mein Hund mir die Freiheit schenkte

Die Originalausgabe erschien 2018 unter dem
Titel »Wild Together« bei Pegasus Books Ltd.
148 W. 37th Street, 13th Floor
New York, NY 10018
www.pegasusbooks.us

Projektleitung: Nadja Harzdorf
Übersetzung aus dem Amerikanischen: Antje Becker
Lektorat: Gerdi Killer, bookwise medienproduktion GmbH, München
Umschlaggestaltung und Layout: independent Medien-Design,
Horst Moser, München
Satz: Leeloo Mólnar, bookwise medienproduktion GmbH, München
Herstellung: Susanne Fuhrmann
Repro: Longo AG, Bozen
Druck und Bindung: Dimograf, Polen

ISBN 978-3-8338-6866-5

1. Auflage 2018

Synication:
www.jalag-syndication.de

Umwelthinweis:
Dieses Buch ist auf PEFC-zertifiziertem Papier aus nachhaltiger Waldwirtschaft gedruckt.

GRÄFE UND UNZER
Ein Unternehmen der
GANSKE VERLAGSGRUPPE

www.facebook.com/gu.verlag

TUNDRA

EINLEITUNG

Ich weiß nicht, ob wir in die richtige Richtung fahren.
Die Straße kommt mir nicht bekannt vor, kein Mobilfunknetz mehr, es wird dunkel.
Ich schaue nach hinten und sehe Loki, der völlig unbekümmert schläft.
Langsam fällt die Anspannung von mir ab, denn – es spielt keine Rolle.
Es spielt keine Rolle, wo wir landen oder wann wir dort ankommen.
Hauptsache, wir sind zusammen.

Kelly Lund ist Hundepapa, Fotograf und begeisterter Naturliebhaber. Sein treuer Begleiter Loki ist ein Instagram-Star, wovon er aber noch nichts ahnt. Gemeinsam durchstreifen Kelly und Loki das Land und fotografieren ihre Reisen. Sie leben in Denver, Colorado, sind dort aber seltene Gäste – wenn sie nicht gerade den Geländewagen neu packen, bevor sie zu ihrem nächsten Abenteuer aufbrechen.

Unterwegs haben sie eine Fülle von Erinnerungen und Geschichten eingefangen. Und sie haben Mitstreiter gefunden: Ally Coucke und ihren Hund Bailey.
Auf ihren Reisen durch Nordamerika haben Kelly und Ally Fotos und Texte über das Reisen, die Natur und die Begeisterung für ihre Hunde zusammengestellt. Beide teilen die Liebe zum Abenteuer, zum Fernweh, zu ihren Hunden und zueinander.

Es ist so wunderbar, die Erde zu entdecken. Zusammen mit seinem Hund zu reisen ist manchmal unbeschreiblich. Kelly will allen zeigen, dass ein Hund überall dabei sein kann und man ihn nicht zurückzulassen braucht. Mensch und Hund können die Freiheit gemeinsam genießen.

ENTDECKEN

Ich will dorthin, wo ich noch nie war. Will diesen Ort kennenlernen wie einen neuen Freund – seine besten Seiten entdecken und seine Höhepunkte erkunden. Aber auch die dunklen Abgründe sehen, die eigentlich unwichtig sind, weil das Schöne sie überstrahlt.

Komm, lass uns dorthin fahren, wo Verkehrsschilder nur noch in der Erinnerung existieren. Komm mit und begleite mich. Lass uns auf Schatzsuche gehen und den Schatz heben, der unser gemeinsames Leben ist!

Haben und besitzen

Ich sage nicht gern, dass ich einen Hund besitze, denn ehrlich: Welches Recht habe ich, so etwas zu tun?

Hunde sind kein Besitz, den man hat. Wir haben nicht das Recht, sie anzuketten, sie wegzusperren oder sie sonst irgendwie festzusetzen. Wir müssen uns auf eine besondere Art des Umgangs einlassen, in der wir sie halten können und sie uns. Ja, natürlich, wir legen Grenzen und Richtlinien fest, haben Leinen und stellen gewisse Benimmregeln auf. Aber das sollte aus Liebe zu unseren Hunden und Sorge um ihr Wohlergehen geschehen – letztendlich können wir sie aber nicht besitzen.

Lokis Körper und Geist gehören ihm. Ich, als sein Mensch, habe ihn ausgewählt, und er als Hund hat sich offenbar entschieden, bei mir zu bleiben. Wir sind immer wieder darüber erstaunt, dass seine Spezies weit über die menschlichen Interaktionen hinaus kommuniziert, und ich versichere Ihnen: Hunde wissen Dinge, von denen wir keine Ahnung haben.

Denver, Colorado

Alte Freunde

Tatsache ist: Kein Herz auf dieser Welt würde beim Anblick flauschiger, acht Wochen alter Welpen nicht dahinschmelzen. Sie haben dich so sehr im Griff, dass du Verabredungen mit Freunden absagst, nur um ausgiebige Spaziergänge in all den Parks deiner Gegend zu machen, in denen du noch nie gewesen bist. Die Zeit des Zusammenseins beflügelt und verzaubert dich.

Wenn das Neue nicht mehr neu ist, blickst du auf einen erwachsenen Hund. Im Lauf der Jahre werden die kleinen Veränderungen, die du bemerkst, deinem Herzen einen Stich geben. Um seine Augen erscheinen graue Haare, auf euren Runden wird er langsamer, seine Gelenke werden steifer, und schließlich findest du einen Knoten auf seinen Rippen. Nur seine Liebe zu dir und deine zu ihm haben sich nicht geändert.

Nichts kann mit dieser Liebe mithalten. Sie ist gewachsen.

Strand am Pistol River, Oregon

Bis ans Ende der Welt

An jedem Ort, an dem wir sind, wissen wir, dass es noch so viel mehr zu entdecken und zu erleben gibt. Wir wissen, dass wir weiterziehen und weiter nach dem noch Unbekannten suchen müssen.

Loki fordert mich jeden Tag. Ich sehe ihn an und versuche zu fühlen, wie er fühlt. Er ist immer bereit und immer auf der Stufe, auf der ich gern sein möchte. Ich weiß, dass ich ohne ihn nicht so weit gehen würde.

Buffalo Pass, Colorado

»Wes diese Wälder sind, das weiß ich recht genau.
Allein im Dorf erst, drüben, steht sein Haus.
Der Schnee füllt ihm den Wald – steh ich und schau,
dann sieht er mich nicht, macht er mich nicht aus.«

Robert Frost, »Innehaltend inmitten der Wälder an einem Schnee-Abend«

In die Tiefe gehen

Unsere gemeinsamen Erlebnisse sollen tief in mir eingebrannt sein, damit ich mich an jedes Detail lebendig erinnern kann. Wir könnten tausend Runden im selben Park drehen, um Lokis Grundbedürfnisse zu erfüllen. Aber ich nehme ihn lieber mit an einen neuen Ort – einen Ort, den zu erreichen Einsatz und Zeit erfordern.

Morrow Bay, Kalifornien

Ermuntern am Morgen

Für Loki gibt es kein Gestern. Sicher weiß er, wer ich bin oder wo das Futter steht und wo sein liebster Eichhörnchenbaum im Garten. Das sind die Konstanten.

Ich glaube nicht, dass er sich daran erinnert, ob ich gestern glücklich, traurig oder verärgert war. Ich glaube nicht, dass er beleidigt ist, wenn er geschimpft wird, weil er Kaninchen gejagt hat, oder ob er dankbar ist für die Knochen, die er nach dem Essen bekommt.

Ich glaube, er sieht einfach mich. Er sieht seinen besten Freund, der ihn liebt und das Beste für ihn will. Er freut sich auf den Tag, auch wenn er keine Ahnung hat, was er bringt. Sobald mein Wecker klingelt, spult sich in meinem Kopf die lange Liste an Aufgaben ab, die es zu erfüllen gilt. Ich wälze mich im Bett umher und versuche, mir noch ein paar Minuten Zeit zu gönnen. Ich weiß, dass er oben ist und aus dem Fenster schaut. Seine Ohren, immer auf Empfang, müssen meine leisen Seufzer wahrnehmen, denn ich höre ihn zur Treppe gehen. Und schon kommt ein pelziger Torpedo die Stufen hinunter und durch die Schlafzimmertür geschossen.

Guten Morgen, Herrchen. Mir ist nur wichtig, dich zu begrüßen. Komm, lass uns zu unserem heutigen Abenteuer aufbrechen!

Crescent City, Kalifornien

Wärst du doch hier!

Das Konzept des Lebens im Hier und Jetzt wird oft zitiert, aber selten gelebt. Auch ich bin schuldig. Ich sage, ich will mehr im Hier und Jetzt sein, ich will mein Handy weglegen und mich auf das konzentrieren, was vor mir liegt, ich will die Kamera weglegen und nur mit meinen Augen sehen. Aber ich mache all das nicht. Ich bleibe im Moment hängen, halte zweitrangige Dinge für wichtig – und schon ist dieser magische Augenblick vorbei.

Diesen Verhaltensfehler hat Loki noch nie gezeigt. Wie könnte er? Er sieht das Jetzt und nur das. Ich behaupte nicht, dass er über mein Wissen hinaus keine Erinnerung an seine früheren Erfahrungen hat. Einfach ausgedrückt, macht er sich keine Sorgen darüber, was morgen kommt. Angst vor der Zukunft, vergangene Enttäuschungen – all das kennt er nicht.

Wenn das Jetzt aber alles ist, was wir haben und es so vielversprechend ist, dann sollten wir nicht so töricht sein, es achtlos zu vergeuden.

Selbst nach all dieser Zeit

sagt die Sonne zur Erde niemals:

»Du schuldest mir etwas.«

Schau, was eine solche

Liebe bewirkt.

Sie erhellt den ganzen Himmel.

Hafis

Dead Horse Point, Utah

Zeitpunkte

Als ich beschloss, Loki zum ersten Mal nach Hause zu holen, mussten wir von Utah durch einen Schneesturm zurückfahren. Eine eigentlich 16-stündige Fahrt hin und retour wurde zu einer angespannten 32-Stunden-Kriechtour zurück nach Denver – und unser erstes gemeinsames Abenteuer. Das Leben zählt in jeder Sekunde, in jedem Moment, den wir uns nehmen oder verpassen.

Der Wind weht, und die Blätter gleiten zu Boden – wir sind genau zur richtigen Zeit am richtigen Ort.

Ich habe dich gefunden

Seit wir zusammen sind, haben Loki und ich viel voneinander gelernt. Wir waren Fremde, die unmittelbar ihr Leben miteinander teilten. Wir taten alles zusammen, gingen überall zusammen hin und lernten die Seele des anderen kennen. Wo wir heute hier stehen und so viel gemeinsam erlebt haben, fällt es schwer, sich zu erinnern, wie es damals war.

Wann habe ich mich zum ersten Mal mit meinen Sorgen an ihn gewandt? Wann fand er das erste Mal Trost in meinen Armen? Wann wurden Mauern eingerissen und stattdessen Vertrauen aufgebaut? Vielleicht, als das Du und das Ich zum Wir wurde.

Ein Wald voller Bäume

Was, wenn Erinnerungen wie Bäume sind? Sie wachsen mit der Zeit in die Tiefe und sind in unseren Köpfen verwurzelt. All die besonderen Momente, gute wie schlechte, sprießen und leben dort für immer. Der Wald wird mit der Zeit tiefer und dichter.

Was, wenn wir einen Spaziergang durch diesen Wald machen könnten? Wäre es dunkel und regnerisch wie im pazifischen Nordwesten? Dort, wo die Bäume immer größer werden und das Licht abschirmen?

Jeder, der weiß, wovon ich rede, weiß auch, was passiert, wenn die Sonne hervorkommt. Sie schickt ihre Strahlen durch die Äste und die Lücken im Kronendach hinab bis auf den Waldboden. Dort spendet sie Leben. Solche goldenen Momente ermöglichen das Wachstum weiterer Bäume – genau so ein Augenblick ist dieser hier.

Howland Hill Road, Kalifornien

»Brr, ist das kalt draußen!«

Steamboat Springs, Colorado

Spieglein, Spieglein ...

Die Beziehung zu seinem Hund ist von einer Ehrlichkeit, wie sie sich in den meisten Beziehungen zu Menschen nicht erreichen lässt. Man sagt oft, dass ein Hund seinem Herrchen oder Frauchen ähnelt. Vielleicht sind sie von ähnlicher Statur oder haben den gleichen Charakter. Wie überaus glücklich würde ich mich schätzen, zu einem Abbild von Loki zu werden!

Frei

Würde ich Loki in einer kleinen Wohnung halten, den ganzen Tag allein eingesperrt und gelangweilt, wäre er ein anderer Hund. Er könnte zerstörerisch, widerspenstig und hyperaktiv werden. Das aber wollte ich ihm nie zumuten.

Ich fühle mich verpflichtet, ihn zu beschützen und ihm entsprechend seiner Natur die größtmögliche Freiheit zu bieten.

So entsteht zwischen uns tiefes Vertrauen, weshalb ich ihn auch ohne Leine laufen lassen kann. Nur so können wir frei durch die Landschaft ziehen.

Alberta, Kanada

Der beste Freund des Menschen

Alle glauben, dass der eigene Hund der beste ist. Und alle haben recht. Hunde haben ein angeborenes reines, aufrichtiges Wesen, das steht völlig außer Frage.

Ocean Beach, Kalifornien

Ich passe auf dich auf!

In solchen Momenten bin ich am engsten mit Loki verbunden. Nicht weil wir allein sind und der Tag zur Ruhe gekommen ist, sondern weil er am Rand meines Betts schläft und noch bevor ich ihm über das Gesicht streichle, weiß, dass ich hier bin. Er weiß, dass dies unser Zuhause ist und wir aufeinander aufpassen. Er weiß, dass er hier sicher ist, und ich fühle ähnlich, denn ich weiß, dass er bei mir ist. Ich kann ihn atmen hören. Ich sehe, wie sich seine Pfoten auf den Laken entspannen, und schließlich, wie sich seine Atemzüge verändern, wenn er einschläft.

Worte können die Gefühle nicht annähernd beschreiben, die ich in diesen Momenten für ihn empfinde. Ich kann nur sagen: Genau hier lerne ich, dass es bei der Kommunikation nicht nur um die Worte geht, die wir austauschen, sondern um etwas ganz anderes – etwas nicht Greifbares. Wie können zwei unterschiedliche Spezies, die keinerlei Gemeinsamkeiten haben, sich verstehen? Wie wird diese Kluft so mühelos und augenblicklich überbrückt? Ich glaube, die Antwort ist: Liebe. Nur die Liebe überwindet jede Logik oder Wissenschaft. Nur die Liebe kann diesen Moment erklären. Es ist, als hätten wir uns bereits lange vor diesem Leben gefunden.

Derzeit keine Sprechstunde

Crested Butte, Colorado

Begegnungen mit wilden Tieren

Da wir zu allen unseren Zielen fahren, bekommen wir viel von der Natur mit. Loki sieht Vieh auf den Weiden, aber auch Wildtiere wie Hirsche, Wapitis und Elche. Einmal habe ich sogar erlebt, wie er auf einem Feld einen Kojoten begrüßen wollte.

Ich habe das Gefühl, dass Bärenbegegnungen Loki am meisten faszinieren. Es liegt – so glaube ich – daran, dass er Überwinterungstipps braucht.

Hoffentlich du

Über den Tod spricht man nicht gern. Es ist eine schmerzliche Tatsache, dass Hunde nicht ewig leben. Ehrlich gesagt, schleicht sich der Gedanke daran von Zeit zu Zeit bei mir ein. Eines Tages wird Loki nicht mehr bei mir sein. Ich werde nur diese Fotos und ziemlich viele Haare von ihm auf meinen Sachen haben. Mir fehlt jegliche Vorstellung davon, wie ich danach der Realität ins Auge sehen werde.

Er ist für mich wie ein Kind. Aber anders als bei einem normalen Menschenleben wird mein Kind zweifellos vor mir gehen. Ich will ihn nicht gehen lassen. Ich will nicht durch den Wald streifen, wissend, dass er nicht hinter mir ist. Ich will die Stille in meinem Haus nicht hören, wissend, dass er mich nicht wecken kommt.

Hundejahre sind naturgegeben. Momentan sind wir fast gleich alt. Er ist weise, reif und weiß schon so viel von dieser Welt. Er wird immer nur das Leben mit mir kennen, ich aber werde in einer Welt ohne ihn weiterleben müssen. Es ist, als ob man einen Film vorspult. Wir kennen das Ende schon – der Held stirbt.

Nein. Hoffentlich du. Du musst mich einfach überleben.

So ist es, dich zu lieben

Pittsburg, Colorado

Warum nicht bis mittags schlafen?

Den Himmel küssen

Zum Mond und wieder zurück

Wir mögen es viel lieber zu reisen, als jeden Tag im selben Bett aufzuwachen. Unser Leben ist einfach schon seit einiger Zeit ein endloser Kreislauf von Tasche einpacken – Tasche auspacken. Wenn wir das Haus verlassen, fühlt es sich nicht so an, als würden wir unser Zuhause verlassen, sondern vielmehr so, als würden wir für heute Abend ein neues Zuhause suchen. Ich habe das Gefühl, dass unser Verlangen, hinter die nächste Kurve zu schauen, uns bis spät in die Nacht hinein- und uns früh am Morgen aus der Wärme des Schlafsacks heraustreibt.

Loki bekommt verschiedene Ecken der Welt unter seine Pfoten. Er weiß, wie der Sonnenuntergang in der Wüste aussieht. Wie sich der eisige Wind anfühlt, der über die Berge fegt. Und ganz widerlich: wie der Pazifik schmeckt.

Ich glaube, es ist ein Versprechen, das ich ihm und vielleicht mir selbst gegeben habe. *Ich verspreche, dir an so vielen Orten wie möglich zu zeigen, wie der Mond dort aussieht.*

Die Nacht, als wir uns trafen

Wie lange braucht es, um zu lieben? Ich habe ihn vom ersten Moment an geliebt. Wir wussten nichts voneinander, auch nicht, wie das gemeinsame Leben werden würde, aber ich weiß ohne Zweifel, dass dieses Gefühl Liebe war. Es reicht bis in jede Faser meines Herzens und fließt durch alle meine Adern. Diese Liebe wird nie schwinden.

Risiko wird belohnt

Das Erkunden birgt ein Risiko: die Last, etwas zu finden, das bisher unentdeckt war. Jedes Mal, wenn wir uns auf den Weg machen, spüre ich diese Last. Es ist nicht unbedingt ein schlechtes Gefühl. Es ist ein sanfter Druck, auch auf dieser neuen Reise das bisher Unbekannte zu finden. Und wenn es gefunden ist, fühlt man sich befreit. Suchen wir nicht alle nach dieser Magie?

VERBINDUNG

Es ist dieses Gefühl in deinem Herzen, das aus dir herausplatzen will. Plötzlich fühlt sich alles rund an, auch wenn es das nicht ist. Du hast deinen besten Freund an deiner Seite, und die Welt scheint auf einmal ein Ort voller neuer Möglichkeiten zu sein. Es ist, als könnten wir diese unerreichbare Herausforderung gemeinsam bewältigen – aber nur gemeinsam.

Kein Durchgang ... ohne Leckerlis

Baring, Washington

Rio Grande National Forest, Colorado

Telluride, Colorado

Das bessere Draußen

Lokis Sehnsucht nach der Natur ist anders als alles, was ich bisher erlebt habe. Wenn wir den Wagen packen und losfahren, weiß ich, dass er meine Bewegungen und die bei 120 km/h vorbeiziehende Landschaft wahrnimmt.

Hier kauft er immer mein Futter. Wir sind vorbeigefahren.

Hier habe ich mal diese Katze gesehen. Wir sind vorbeigefahren.

Hier fahren wir hin, wenn Herrchen wenig Zeit hat, mich aber rennen lassen will. Wir sind vorbeigefahren.

Wir fahren immer schneller. Um uns herum sind Bäume.

Jetzt weiß ich es: Er bringt mich dorthin, wo es noch viel besser ist.

Mystery Lake, British Columbia

Ein Vollzeitjob

Den Alltag mit Loki musste ich erst lernen. Ich wusste nicht viel über Wolfshybriden wie ihn und konnte nicht ahnen, wie er mein Leben verändern würde. Seine Bedürfnisse hatten plötzlich Priorität, und ich begann, meinen Tag auf den für ihn bestmöglichen Ablauf umzustrukturieren.

Alle Hunde haben ihre Eigenarten. Loki mag es nicht, wenn Fremde schnell auf ihn zugehen. Er legt dann die Ohren an und wendet sein Gesicht ab. Fühlt er sich an einem neuen Ort nicht wohl, neigt er dazu, einfach abzuhauen. Er mag es nicht, wenn er Schüsse hört, und das Urteil darüber, was er von Katzen hält, steht noch immer nicht fest. Die naheliegendste Lösung ist daher, diese Situationen zu meiden: das Haus abschließen, damit er nicht ausbüxen kann; ihn beruhigen, wenn sich Fremde nähern; sich von Gebieten, in denen Schüsse fallen, fernhalten und mit der Nachbarskatze nicht zum Spielen verabreden.

Der Rest, über den meist nicht geredet wird, erforderte weit mehr Umstellungen als diese paar Kleinigkeiten. Loki ist groß, sein Körper braucht Bewegung. 15 Minuten um den Block zu gehen reicht nicht, und ich weiß, welchen Blick er mir zuwerfen würde: *Das war alles? Wirklich?* Es wäre nicht fair, ihn einzusperren – wenn ich mein Leben mit einem solchen Tier teilen möchte, ist es das Mindeste, dass seine körperlichen und geistigen Bedürfnisse erfüllt werden können.

Ein anderes Kapitel ist, sich diesen Herausforderungen zu stellen und Loki beizustehen. Wir sind im Wald, und weit entfernt schießt ein Jäger. Ich sehe die unmittelbare Veränderung in Loki: Er will wegrennen, und ich kann nicht mithalten. Das bringt ihn in Gefahr, und sollten die Jäger weiter schießen, rennt er vielleicht noch weiter weg. Ich bleibe also ruhig, ignoriere den Lärm und zeige ihm, dass wir uns nicht anders verhalten müssen. Ich rede mit ihm, ohne den Tonfall zu ändern: Du bist ein guter Junge, bleib hier. Ich streichle ihn ruhig und biete ihm im Auto oder an der Leine Sicherheit. Mit der Zeit haben wir seine Angst überwunden.

Sehr schnell veränderte diese Haltung auch mein Leben. Es ging nicht mehr nur allein um mich. Ich bin normalerweise nicht ohne ihn unterwegs, auch bei der Arbeit nicht – und mein Terminplan funktioniert nur, wenn Loki an erster Stelle kommt. Die meisten Hundehalter werden sicher zustimmen: Manchmal brauchen wir Menschen diese Gassi- oder Joggingrunde genauso sehr wie die Hunde, vielleicht sogar mehr. Ist das nicht eines der vielen heimlichen Geschenke an uns?

Hiouchi, Kalifornien

Faustcheck auf eigene Gefahr

Crested Butte, Colorado

Guter Kopilot

Wir fahren überall hin, damit Loki und ich zusammen sein können. Er kennt die Rückbank gut und weiß, dass meine Kopfstütze eigentlich seine perfekte Kinnstütze ist. Er öffnet das Fenster, wenn er will, und wirft seinen Kopf auf die Mittelkonsole, wenn er meint, wir würden schon zu lange im Auto sitzen. Wir haben den gleichen Geschmack, was Snacks und Musik anbelangt – eines davon kann ich beweisen.

Tierisch gemütlich

Wildnis ist nicht immer bewaldet

Portland, Oregon

Erhabene Alte

Auf dieser Tour sind wir Tausende Kilometer gefahren. Entlang des Wegs wurden Bäume gefällt – unzählbar viele. Eine Holzernte zu sehen ist immer unglaublich bewegend. Es fühlt sich an, als hätte man ein wundervolles Buch fertig gelesen: Es ist schade, dass es zu Ende ist, aber man hofft auf einen neuen großartigen Anfang.

Mystery Lake, British Columbia

Du bist nicht allein

Es ist dieses Gefühl, das in unerwarteten Momenten zuschlägt. Der heftige Stich in die Brust – ob man im Zug unter Menschen sitzt, allein zu Hause ist oder auf einem Pfad mitten im Nirgendwo läuft. Dieses Gefühl kann jeden immer und überall treffen. Es hört nicht auf, wenn man ihm sagt, dass es weggehen soll, und wird oft nur stärker, je mehr man ihm den Rücken zukehrt. Wir nennen es Einsamkeit.

Ich habe Loki nicht geholt, um dieses Gefühl zu lindern. Ich würde sogar so weit gehen zu sagen, dass es mich mit ihm genauso häufig trifft, wie wenn er nicht Teil meines Lebens wäre. Durch ihn ist es komplexer geworden. Ich glaube nicht, dass wir dieses Gefühl teilen.

Brauche ich ihn? Nein. Aber ich habe das *Gefühl*, dass ich ihn brauche. Ich weiß nicht, wo die Linie überschritten wird oder wie ich bestimmte Emotionen erklären soll, die ich ihm gegenüber empfinde. Ich weiß, dass ich eigentlich nie irgendwo allein hingehen muss. Solange er lebt, spüre ich neben mir ein befreundetes Herz, in einem lebendigen Körper aus Fleisch und Blut. Im Augenblick kann ich uns kaum als getrennte Einheiten sehen.

Versteck mich ganz oben!

Great Sand Dunes National Park, Colorado

Arapahoe National Forest, Colorado

Forest Grove, Oregon

White River National Forest, Colorado

Twin Lakes, Colorado

Die uralte Kunst, Steinmännchen zu stapeln

Wenn du springst, springe auch ich

Ein bester Freund zu sein ist eine große Aufgabe. Eine, für die es keine Liste mit Pflichten und kein Handbuch gibt. Du kannst dich auf das stützen, was deine Eltern dir beigebracht haben: liebenswürdig, einfühlsam, verständnisvoll und hilfsbereit zu sein. Kein Zweifel, das zusammengenommen bildet eine Basis dafür, jemandem ein guter Freund zu sein.

Wenn das stimmt, wer hat es dann den Hunden beigebracht?

Liebes Tagebuch ...

Es heißt, man fotografiert nur das, was man nicht vergessen will. Ich habe gelernt, dass das stimmt. In all den Jahren, in denen ich Loki und unser Zusammenleben fotografiere, versuche ich, so viel wie möglich mit so wenig Fotos wie möglich festzuhalten. Wenn ich die Wärme des Lichts, das Gefühl des erdigen Bodens und irgendwie den rhythmischen Herzschlag einfangen kann, erst dann habe ich den Augenblick konserviert.

Willst du die Möwe jagen, musst du zur Möwe werden

Feine Tischmanieren

Wie gefällt dir die Arbeit?

Einmal las ich einen Satz im Internet: »Tue das, was du liebst, und alles wird gut.« Also habe ich den Versuch gewagt und den ganzen Tag auf der Couch gelegen, Pizza gegessen und mit meinem Hund Selfies gemacht. Nichts wurde gut.

Ich bin kein ausgebildeter Fotograf, und ich wollte auch kein Profifotograf werden. Ich habe einfach angefangen, Fotos von Loki zu machen, und sie im Internet geteilt. Menschen aus aller Welt fühlten sich mit ihm verbunden. Das lag sicher nicht an irgendwelchen Fähigkeiten oder Talenten meinerseits, sondern an diesem bezaubernden Hund.

Folge dem Chef

Manchmal im Leben sind wir gefordert, Chef zu sein. Entweder nehmen wir dann die Herausforderung an oder, wenn das nichts für uns ist, überlassen wir die Führung jemand anderem. Hundebesitzer zu sein ist für mich ein solcher Fall. Wir alle kennen Hunde, die schlecht ausgebildet, ungehorsam, widerspenstig oder allgemein schwierig sind.

Unzählige Menschen fragen mich, wie Loki so zugänglich und gehorsam sein kann.

Ich wusste sehr früh, dass ich der Chef sein würde. Ich musste Loki beibringen, dass ich die Entscheidungen treffe und sein »Leittier« bin. Eine andere Struktur funktioniert bei einem Hund wie Loki nicht, denke ich. Es liegt in meiner Verantwortung, ihm zu zeigen, was ich erwarte und welche Regeln er befolgen muss. Im Moment gefällt es ihm vielleicht nicht, dass ich ihm scheinbar seine Freiheit verbiete, aber es geht immer darum, für seine Sicherheit zu sorgen und unser gemeinsames Leben in geordneten Bahnen zu halten. Wenn ich ihm sage, er soll sitzen, bleiben oder kommen, dann weiß er, dass er das muss. Manchmal gibt es eine Belohnung, manchmal nicht. Aber bei aller Bestimmtheit muss er wissen, dass dies aus Liebe und nicht aus Kontrolle heraus geschieht.

In der Hängematte um die Welt

Das ist es. Das war das Foto, das uns ins Social-Media-Universum katapultierte. Ich nahm es einen Tag nach der Arbeit auf, als ich müde und schmutzig war – ich war nicht auf das perfekte Foto aus.

Ich teilte es online, und am nächsten Morgen griff Reddit es auf. Kurz darauf kontaktierte mich Bored Panda und schrieb einen Artikel über uns, gefolgt von BuzzFeed. Die folgenden Monate waren hektisch, als unser Bekannheitsgrad wuchs und ich sehr schnell merkte, dass Hunderttausende Fremde, denen wir nie auch nur begegnet waren, Zeit mit uns verbrachten.

Genesee, Colorado

Ich behalte dich im Auge!

Fast jeder, der Loki trifft, macht eine Bemerkung über seine Augen oder vielmehr sein Auge: Das linke ist teilweise blau. Wenn die Leute sagen, was für ein hübscher Hund er sei, dann danke ich ihnen freundlich – als ob ich ihn miterschaffen hätte. Ich lächle in mich hinein, weil ich weiß, dass ich allein in unzähligen Momenten gesehen habe, wie bemerkenswert er wirklich ist.

Es schneit, während wir draußen auf Tour sind. Loki liegt im Schnee und beobachtet mich geduldig. Ich schnalle mein Snowboard an, und seine Augen verfolgen jede meiner Bewegungen, sein Kopf aber bewegt sich nicht. Ich halte inne und schaue ihn an. Die Schneeflocken bedecken fast jede Stelle seines Körpers. Seine Augen glühen. Er weiß, dass wir gleich mit Fullspeed den Berg hinunterrasen werden, und wartet auf mein Signal, dass es losgeht. Ich zögere, weil ich mir seinen Anblick noch etwas länger einprägen möchte. Seine Nase, schwarz und nass. Sein Fell, vollgesogen, aber immer noch flauschig. Seine Pfoten, im Schnee vergraben, aber startklar. Seine Ohren, aufmerksam und neugierig. Und schließlich seine Augen, konzentriert und bereit.

Ich bin so dankbar, dass es dich gibt, du wunderschönes Geschöpf. Auf geht's!

Härter, besser, schneller, stärker

Loki stellt sich allen Elementen. Ob Regen, Schnee, Eiseskälte, Berggipfel oder unwirtliche Wüsten – man kann die Actionfilmmusik förmlich hören. Er ist ein Monster aus Muskeln und Geschwindigkeit von nahezu vollkommener Präzision. Ich verstehe nicht, was in seinem Kopf vorgeht, wenn er sich rasend schnell bewegt, ohne gegen Bäume zu knallen oder von Felskanten zu fliegen. Wenn wir getrennt werden und er mich sucht, spüre ich die Dringlichkeit in seinen Laufgeräuschen, die sich anhören, als würde eine Herde von Pferden auf den Boden stampfen. Die Jagd ist eröffnet.

Es wird hörbar, wie sehr er ein Geschöpf der Wildnis ist, einer der vielen Söhne von Mutter Natur.

Smith River, Kalifornien

Sag mir, dass die Ewigkeit ein echtes Zeitmaß ist

Heimlicher Ritterschlag

REISE

Ich spüre, wie das Feuer in mir brennt.

Die Vergangenheit loslassen, um tiefer in die Nacht vorzustoßen und das zu suchen, was vor uns liegt.

Das Feuer lodert stärker.

Den Mut finden, sich hinauszuwagen, ohne genau zu wissen, was dich erwartet.

Das Feuer gerät fast außer Kontrolle.

Ich weiß, dass er es auch fühlen kann. Ich sehe es in seinen Augen. Es schweißt uns zusammen auf dem Weg ins Unbekannte.

Herrchen weiß es am besten

Wie ich Loki in einen Hubschrauber bekommen habe? Das kann ich am besten folgendermaßen beantworten:

Lokis gesamtes Leben habe ich zugesehen, dass er so viele Dinge wie möglich kennenlernt. Wir besuchen unterschiedliche Orte, mit unterschiedlichen Menschen, anderen Tieren, unbekannten Landschaften und neuen Erfahrungen. Ich sagte mir: Je mehr er kennt, desto mehr wächst er daran.

Angst rührt normalerweise daher, dass man etwas nicht kennt und nicht weiß, ob man sicher ist. Hunde fühlen wie alle Lebewesen Angst und reagieren in der Regel mit Kampf oder Flucht darauf. Da wir selten getrennt sind, bin ich in den meisten Fällen, wenn Loki Angst hat, bei ihm. Seine Körpersprache ändert sich, er legt die Ohren an, blickt auf den Boden, versteckt sich und sucht Zuflucht bei mir.

Genau so ein Moment eignet sich gut dazu, Loki etwas Neues beizubringen. Ich vermittle ihm dann über meine Körpersprache, dass es keinen Grund dafür gibt, Angst zu haben. Je mehr ich ihm das Gefühl der Sicherheit vermitteln kann, desto größer wird unser Vertrauen. Ich zeige ihm, dass eine Situation nicht furchterregend, sondern spannend ist. *Lerne dieses neue Geräusch, diesen neuen Geruch kennen und erkenne, dass du nichts zu befürchten hast.* Zugegeben, von diesen Momenten gab es mehr in seiner Junghundzeit, als fast alle Erfahrungen neu für Loki waren. Das Vertrauen, das wir in dieser Zeit aufgebaut haben, hat sich zehnfach ausgezahlt – weil er in den Hubschrauber gesprungen ist, als wäre es der Geländewagen, mit dem wir so viele Kilometer zurückgelegt haben. Und dann ging es hinauf in den Himmel.

Sei ganz leise, wir sind auf Mückenjagd

Langsam fahren, spielende Hunde

Manchmal bewege ich mich so schnell und versuche, an einen Ort zu gelangen, den ich noch nicht einmal kenne. Ich möchte zur richtigen Zeit am richtigen Ort sein – aber was ist, wenn ich diesen einen Augenblick, von dem ich denke, dass er gleich passieren wird, verpasse? Er fliegt mit Lichtgeschwindigkeit über meine Schulter und ist weg. Ich drehe mich um, um das Ende zu sehen, doch das ist nicht dasselbe. Ich kann nicht zurückgehen und diesen einen Augenblick noch einmal erleben.

Die Gegenwart ist alles, was wir haben, niemandem wird die Zukunft versprochen, und wir können die Vergangenheit nicht ändern. Ich will mein Leben im Hier und Jetzt leben, und ich will nie etwas tun, was Loki ebendieses nimmt. Also lasse ich ihn gelegentlich Eichhörnchen jagen, teile mein Eis mit ihm und lasse ihn auf dem Bett schlafen, wenn er dreckig ist. Warum zum Teufel auch nicht?

Battery Point Lighthouse, Kalifornien

Monument Valley

Schofield Pass, Colorado

Der Mann im Mond

Auch wenn jemand eine Stunde lang an die Haustür klopft, würde Loki den Besucher nur anstarren. Ich habe ihn noch nie bellen gehört – ich weiß nicht einmal, wie das klingen würde. Wenn du ihn jedoch reizt oder neugierig machst, wird er heulen. A-huuuuu! Dann spricht er zum Mond.

Ich habe mich nicht verlaufen

Nebenstraßen sind unsere Stärke. Wir fahren kilometerweit auf Forstwegen, ohne zu wissen, wohin sie führen. Manchmal enden sie bei Holzfällarbeiten, und wir müssen umkehren. Manchmal enden sie auch einfach – *wo war noch mal der geheime Schatz?* Und manchmal haben wir Glück.

Wir erreichen eine Lichtung, und da ist er: ein wahrer Schatz von Lagerplatz. Jemand hat eine Feuerstelle für uns hinterlassen, die uns zum Bleiben einlädt. Mein Blick schweift meilenweit in die Ferne. Ich spüre, dass wir die Einzigen sind. Loki erkundet die Umgebung, und ich fange an, unser Nachtlager aufzuschlagen. Ich weiß, dass die Sonne untergeht, sobald ich mit dem Zelt fertig bin und mit dem Abendessen anfange. Ich rufe nach ihm. Er kommt langsam durch den Wald, und ich sehe sein Gesicht.

Wir setzen uns ins offene Zelt, und gemeinsam sehen wir die Sonne untergehen. Ich denke daran, dass ich vorhin nicht wusste, wohin wir fahren, und ich weiß auch jetzt nicht genau, wo wir sind. Aber so soll es sein. Genau hier wollen wir sein.

Unsere kleine Ecke im Universum

Ich werde mir sagen, dass wir die Einzigen sind, die je hier waren. Hier hat noch nie jemand gestanden. Niemand hat je hier die Sonne oder den kalten Wind gespürt.

Wir werden nicht aufhören
zu erkunden,
und am Ende allen Erkundens
kommen wir dort an,
von wo wir aufgebrochen sind,
und verstehen diesen Ort
zum ersten Mal.

T. S. Eliot, »Little Gidding«
in *Vier Quartette*

»Goin' down the only road I've ever known«

Loki ist ein eigenständiger Hund. Er trifft Entscheidungen und hat eigene Lebenswünsche. Nach all den Jahren, die ich ihn beobachte, bezweifle ich nicht, dass er komplex denkt und fühlt. Er kann in Sekundenschnelle vom gemütlichen Mitbewohner zum eifrigen Kleintierjäger im Wald werden.

Der Pazifische Nordwesten

Ein ausgefallener Stammplatz

Valley of the Gods, Utah

Rotkäppchen

Ich beobachte das schlafende Tier neben mir, und seine Pfoten fallen mir ins Auge. Man sieht Lokis älter werdenden Pfoten die Erfahrung an. An manchen Stellen sind sie rau und abgenutzt, an anderen weich und unversehrt. Ich kann den Unterschied fühlen, wenn ich die Ballen berühre.

Seine Ohren sind wie aus dem Märchen. Sie sind weich und haben die perfekte Form und Gestalt. Er kontrolliert jede ihrer Bewegungen – wie, weiß ich nicht, sehr wahrscheinlich ist es Zauberei. Sein Fell ist dicht und flauschig, wie bei einem Welpen. Ich fahre mit den Fingern hindurch und bewundere das Spiel der Farbmuster.

Als ich seine Zähne anschaue, stockt mein Blick: *Was hast du für große Zähne …*

Sicherheit geht vor

Beschützt zu sein ist nicht immer nur etwas Körperliches. Sich sicher zu fühlen ist kein greifbares Gefühl. Etwas zu lieben ist eine große Verantwortung. Alles zu geben, da zu sein und bedingungslos zu lieben – was für eine ehrenvolle Aufgabe.

Die kürzeste Entfernung zwischen zwei Punkten

Die Alpha-Wölfin führt ihr Rudel auf der Jagd nach Beute durch den Tiefschnee. Alle Wölfe im Rudel folgen in gerader Linie in ihrer Spur. So sparen sie Energie für die Jagd.

Es gibt Momente, in denen Loki ein normaler Hund ist, der wild hin und her springt, doch oft kann er nur in dieser geraden Linie laufen oder rennen. Als warte er auf etwas, das ihn von seinem Weg abbringt.

Glücksrezept für Hunde

2 Stunden Autofahren

1 Paar Skier

1 flauschiger Hund

Schnee hinzugeben

Mit etwas Frost garnieren

Besser wird's nicht

Kurz vor Sonnenuntergang halten wir an, um unser Lager aufzuschlagen. Er wandert ein wenig umher, während ich wie üblich auspacke. Wir gehen ins Zelt, als die Sonne untergeht – das Nachtlicht der Natur, wie ich es nenne.

Loki legt seinen Kopf ab und beobachtet die letzten goldenen Momente. Ich kraule ihn sanft hinter den Ohren und denke mir, dass dieser Platz besser ist als jedes Fünf-Sterne-Hotelresort.

So mancher sagt,
die Welt vergeht in Feuer,
so mancher sagt, in Eis.
Nach dem, was ich von Lust gekostet,
halt ich´s mit denen,
die das Feuer vorziehn.
Doch müsst sie zweimal untergehn,
kenn ich den Hass wohl gut genug
zu wissen, dass für die Zerstörung
Eis auch bestens ist
und sicher reicht.

Robert Frost, »Feuer und Eis«

Loki, allein zu Haus

Loki zu Hause zu lassen ist wirklich nicht machbar. Drinnen möchte er alles umdekorieren, und wenn man ihn allein im Garten lässt, versucht er auszubüxen. Als ich Loki bekam, hatte ich einen Mitbewohner, der viel zu Hause war und ihn im Auge hatte. Als sich aber die Lebensbedingungen änderten, verschob sich auch unser Alltag.

Morgens ging ich mit ihm laufen, gab ihm einen Rinderknochen und betete, dass er nicht abhauen würde, während ich in der Arbeit war. Irgendwann wurde meine Arbeit flexibler, und ich nahm Loki mit ins Büro. Das ging eine ganze Weile so, und meine wenigen Kollegen waren mehr als erfreut über den umherstreifenden Anti-Stress-Plüsch.

Eines Donnerstags sagten mir meine Vorgesetzten, dass Loki nicht mehr mitkommen könne. Bei der Vorstellung, ihn wieder allein zu lassen, ging es mir nun nicht länger um seine negativen Neigungen, sondern darum, dass ich nicht von ihm getrennt sein wollte. Also kündigte ich am Freitag. Ich war sowieso nicht gern an diesen Schreibtisch gekettet.

Ein Hund ist kein Verbrechen

Wenn man uns fragt, wie wir die Plätze finden, an denen wir campen oder zu denen wir fahren, antworte ich selten offen, weil so viel mehr zu sagen wäre.

Wir kommen an vielen Orten vorbei, die wir sehr gern sehen und an denen wir gern mehr Zeit verbringen würden. Aber in der Realität ist Loki häufig nicht willkommen. In neun von zehn Fällen lassen wir Orte aus, weil Loki den befestigten, betonierten Parkplatz im Prinzip nicht verlassen dürfte.

Angesichts unseres Wunsches, immer in Bewegung zu bleiben, versuchen wir, uns davon nicht entmutigen zu lassen, da uns das zu weiteren Erkundungen antreibt. Oft fahren wir zehnmal weiter als geplant. Noch öfter wühle ich mich durch Karten, um ungewöhnliche Plätze zu finden. Schlussendlich bin ich dann dankbar, dass wir nicht an einem Ort mit Hunderten Fremden und einer Absperrung gelandet sind – und der unterschwelligen Aufforderung, doch lieber zu gehen.

Del Norte County, Kalifornien

Irwin, Colorado

Nur nicht vergessen

Ich bin mir nicht sicher, was eine Erinnerung ausmacht. Das Rein, Raus, Wer, Wie und Warum unseres Speichers – die Unübersichtlichkeit macht den Galaxien im All Konkurrenz. Loki und ich haben das Glück, so viele Orte zu erkunden. Wir haben Erinnerungen wie jedes andere Mensch-Hund-Team auch, aber ich gebe zu, dass wir die Möglichkeit zu Erlebnissen erhalten, die nicht jeder hat.

Dazu kommt cie Fotografie, durch die ich noch mehr im Gedächtnis behalten kann. In Sekundenschnelle kann ich einen Augenblick festhalten, und meine Gedanken und mein Herz können sich jederzeit dieses einen magischen Moments besinnen, als diese Aufnahme entstanden ist. All diese zu Fotografien gewordenen Erinnerungen haben mich schließlich dazu ermutigt, zum Geschichtenerzähler zu werden.

Agrarland in British Columbia

»Wild thing, you make my heart sing«

Berthoud Pass, Colorado

Willamette National Forest, Oregon

Auch wenn du gehen kannst

Die Idee der Unabhängigkeit fand ich schon immer spannend. Loki braucht mich für seine Erkundungen nicht. Der tief verwurzelte Drang zum Umherschweifen ist ihm angeboren. Es gibt diese Momente, in denen ich beobachte, wie er sich unabhängig von mir bewegt – ohne einen Gedanken daran, wohin ich gehen könnte. Das zeigt mir wieder, dass er mich nicht braucht, und versetzt mir zuweilen einen heftigen Stich der Einsamkeit – besonders wenn wir meilenweit entfernt von allem im Wald sind. Ich weiß nicht, was er denkt oder warum er sich schnellen Schritts von mir entfernt. Ich weiß nicht, wohin er will oder ob er mich dabei haben will. Einen Hund wie Loki zu haben, der anscheinend entschlossener ist als ich, zwingt mich, diese Tiefen der Unsicherheit auszuloten.

Ich rufe mir ins Gedächtnis, dass er von sich aus zurückkommt – er findet mich wieder, wenn er dazu bereit ist oder ich nach ihm rufe. Ich frage mich, ob sich das Gefühl der Einsamkeit auch in sein Herz einschleicht. Immerhin ist er der Hund, der er ist, weil ich ihm diese Freiheit gewähre. Ich glaube, wir verstehen uns: »Auch wenn du gehen kannst, dein Zuhause ist hier bei mir.« Dabei hat er mich mehr über Vertrauen gelehrt als alles andere.

Six Rivers National Forest, Kalifornien

Eines Tages werde ich mein Leben
an diesen Erinnerungen mit ihm messen

Eines Tages werde ich mein Leben
an diesen Erinnerungen mit ihm messen

Um eine Welt in einem Sandkorn zu sehen
und den Himmel in einer wilden Blume,
halte die Unendlichkeit in der flachen Hand
und die Ewigkeit in einer Stunde.

William Blake, »Weissagungen der Unschuld«

Jenseits des nördlichen Polarkreises

Geh nicht allein

Für mich geht es um weit mehr, als nur Fotos von Loki zu machen. Wir wollen anderen zeigen, was man mit seinen Hunden alles gemeinsam teilen, was man erleben kann. Gemeinsam können so unzählige Erlebnisse gesammelt werden – niemand muss seinen Hund je zurücklassen.

Sollte die Erinnerung an uns bleiben, dann hoffentlich, weil wir andere dafür begeistert haben, gemeinsam mit dem eigenen Hund zu erleben, wie großartig die Natur ist.